동시로 생각하고
수필로 이해하고
문제로 논술하는

로로로 초등 수학

동시로 생각하고
수필로 이해하고
문제로 논술하는

로로 초등 수학

3학년

감수 김판수(부산교육대학교 수학교육과 교수)
글 윤병무 | 그림 이철형

국수

단원 개요

수학 교과서의 단원별 열쇠 말을 의문형 문장으로 짧게 써 놓았어요. 독자의 궁금증을 이끌어 내기 위함이에요. 자발적 배움은 궁금함에서 시작되니까요.

수학 동시

동시로 수학을 배워요. 이야기가 있는 수학 동시를 읽으면서 독자는 단원의 핵심 개념을 느끼고 생각하면서 자연스레 배울 수 있어요. 이야기의 힘이에요. 동시와 어울린 그림 또한 마음에 스미게 해 주어요.

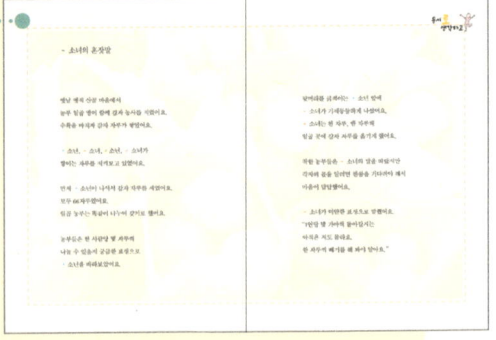

이 책의 구성

수학 수필

수학 지식을 수필로 풀어냈어요. 논설문이 아니라 저자의 경험과 생각으로 쓴 수학 수필이에요. 그럼에도 독자는 읽어 내야 이해할 수 있어요. 이 책의 수필은 지식이 쌓이고 마음이 살지는 글이에요.

논술 문제

정답을 요구하는 문제가 아니에요. 독자의 자유로운 생각을 이끌어 내는 서술형 문제예요. 자신의 생각을 분명하게 써 보는 게 중요해요. 생각은 글로 나타낼 때 깊어지고 넓어져요.

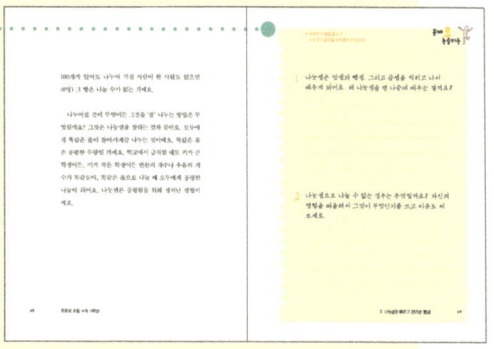

감수의 말
수학과 문학이 만나면

김판수 초등 수학 교과서 집필 책임자(2015 개정)
부산교육대학교 수학교육과 교수

　수학과 동시가 만났습니다. 수학과 수필이 만났습니다. 수학과 문학이 만난 겁니다. 그래서 그 둘은 마치 깐깐한 각도기와 수줍은 진달래꽃이 만난 것처럼 왠지 어색할 것 같습니다. 딱딱한 수식(數式)과 아름다운 문장이 만난 것입니다. 분명한 사실과 자유로운 상상이 만난 것입니다. 차가운 이성과 따뜻한 감성이 만난 것입니다. 또 그래서 그 둘 사이의 거리는 멀어만 보이고, 가까이 마주하고 있다고 해도 서로 서먹서먹한 관계로만 보일 것 같았습니다. 그런데 제가 '로로로 초등 수학' 시리즈를 감수해 달라는 요청을 받고, 호기심에 원고들을 읽으면서 발견한 것이 있습니다. 그것은 수학과 시에 상당한 공통점이 있다는 것입니다. 그것을 발견했을 때의 짜릿한 놀라움을 저는 감출 수 없었습니다.

제가 발견한 수학과 시의 공통점은 세 가지입니다. 군더더기 없이 간결하다는 것(간결성), 추상적이면서도 구체적이라는 것(상징성), 감각적인 사고력으로 이루어져 있다는 것(직관력)이 그것입니다. 그러자 저는 '로로로 초등 수학'에 매료되었습니다. 이 시리즈에 실린 동시들이 수학의 모습과 많이 닮았기 때문입니다. 오래전에 저는 어떤 수학자가 쓴 시를 읽은 적이 있습니다. 지금 기억하기로, 그 시는 수학을 그저 압축한 언어로 바꾸어 놓은 것에 불과하여 당시 저는 별다른 매력을 못 느꼈습니다. 그러나 '로로로 초등 수학'에 실릴 동시와 수필의 원고들을 읽고는 적잖은 감명을 받았습니다.

이제 책으로 나온 '로로로 초등 수학'에 실린 동시들은 수학의 개념들을 그 테두리 안에 가두지 않고 더 넓게 상상하도록 독자를 도와주고 있습니다. 초등학교 1학년 수학 교과서의 한 단원에서는 사물의 '길이'를 나타내는 개념을 가르칩니다. 그런데 이 책의 시리즈에 실린 동시들 중에서, 『로로로 초등 수학 1학년』에 수록된 작품 「김비교 학생의 일기」는 그 '사물의 길이'를 '시간의 길이'까지 확장하여 어린이 독자의 생활 경험에 수학의 개념이 맞닿게끔 그 의미를 활짝 열어 놓았습니다

(수학 교과서에서는 '시간의 길고 짧음'은 가르치지 않습니다). 따라서 이 동시는 수학의 개념어가 교과서 바깥의 일상생활에서 어떻게 사용되는지를 잘 보여줍니다.

'로로로 초등 수학' 시리즈의 또 다른 매력은, 각각의 동시들이 수학을 마치 아름답게 빛나는 별과 같이 그려내고 있다는 점입니다. 시는 보통 그 특성인 간결함 때문에 편하게 읽어 내기가 쉽지 않다고들 말합니다. 하지만 이 시리즈의 동시들은 친절하게도 우리 어린이들의 눈높이에 맞추어 수학 개념을 재미있고 신비롭게 표현하고 있습니다. 우리 어린이들이 좋아하기에 충분합니다. 누구나 자기가 좋아하는 것을 자주 생각하기 마련입니다. 따라서 "동시로 생각하고"라는 이 시리즈 부제목의 첫 말처럼, 우리의 어린 독자들이 자연스레 '동시로써 수학의 개념을 생각할 수 있게끔' 이 시리즈는 이끌어 주고 있습니다.

수학은 가장 인기 없는 과목입니다만, 수학을 가르치지 않는 나라는 없습니다. 왜일까요? 수학은 과학, 기술, 산업의 기초이기에 꼭 필요하기 때문입니다. 또 눈에 보이지는 않지만,

수학은 어느 나라 사람이든 의사소통을 정확하고 논리적으로 할 수 있게끔 생각과 말을 펼쳐 주기 때문입니다. 따라서 수학은 한 나라의 산업뿐만 아니라, 개개인의 전문성을 기르기 위해 꼭 필요한 '생각하는 힘'을 길러 주는 도구입니다.

하지만 어느 나라 학생들이든 수학만큼은 배우기 힘들어 합니다. 수학의 언어는 세계 공통어이지만, 동시에 어느 나라에서든 아주 딱딱하고 낯선 언어로 느끼기 때문입니다. 그런 점에서 '로로로 초등 수학' 시리즈는 수학의 언어를 문학의 언어로 통역해 주고 있습니다. 그것도 구연동화처럼 실감 나게 말입니다. 그래서 수학을 어려워하는 우리나라 어린이들이 이 책을 읽으면, 수학이 재밌는 과목이 되리라 생각합니다.

세상에는 두 가지 언어가 있다고 합니다. 하나는 우리말이나 영어 같은 소리글자이고, 다른 하나는 한자나 히브리어와 같은 뜻글자라고 합니다. 저는 우리 아이들이 꼭 배워야 할 것은 또 다른 두 가지라고 생각합니다. 하나는 국어이며 다른 하나는 수학입니다. 교과서이든 일반 도서이든, 과학을 담고 있는 책을 읽고 이해하기 위해서는 우리말과 수학을 모두 잘 알고 있어야만 합니다. 까칠한 수학을 아름답고 생생한 문체로 탈바꿈시킨 '로로로 초등 수학'의 동시와 수필은 이 두 가지를 융합적으로 배우게 합니다. 일석이조입니다.

2019년 추분 오후에,
김판수 씀

감수의 말 수학과 문학이 만나면 • 9
머리말 수학이라는 고구마 • 16

① 평면에 그린 곧은 '선'과 '모양' • 21
  평면도형

② 나눗셈은 빠르고 편리한 뺄셈 • 37
  나눗셈

③ 같은 길이를 다르게 나타내는 기준들 • 51
  길이와 시간

④ 0보다는 크고 1보다는 작은 수 • 69
  분수와 소수

⑤ **지름과 반지름이 있는 도형** • **85**
원

⑥ **'얼마큼'을 어떻게 나타낼까요?** • **99**
들이와 무게

⑦ **규칙에는 이유가 있어요** • **113**
수에 나타난 규칙

찾아보기 • 128

머리말
수학이라는 고구마

『로로로 초등 과학』 시리즈에 이어, 이번에는 수학 시리즈입니다. 문학으로써, 이제껏 없었던 초등 융합 교육서를 쓰기 시작한 날부터 소걸음으로 매일매일 그 길을 가다 보니, 어느새 목적지의 절반은 지나는 듯합니다. 그사이 '과학'이라는 고갯길을 넘고 보니, '수학'이라는 태산이 맞이해 주었습니다. 수학의 굽이굽이 산길에서는 청춘이라는 배낭을 메고 참 잘 웃는 그림 작가를 만나 해를 넘어 길동무하였습니다. 맑고 밝은 이철형 화가는 길목마다 자기 마음을 닮은 꽃들을 피워 이 수학 시리즈를 화려하고 곱게 만들어 주었습니다. 참 고맙습니다.

고백하자면, 문학으로 수학을 말하는 일은 과학을 문학으로 말하기보다 어려웠습니다. 여러 날 애써도 수학 동시가 써지지 않으면, 이를테면 평면도형에 관한 동시를 써야 할 때면, 뭐 재밌는 게 놓여 있을까 싶어 길바닥만 보고 걸었던 꼬마 때처럼, 그 소재를 찾으려고 출퇴근길에 주변을 두리번거리기도 했습니다. 그런 날일수록, (자신을 꾸짖는 것이기도 했습니다만) '왜 수학은 동시가 되기 힘든 걸까?' 하고 생각했습니다. 그러다가 다시 생각해 보니, 나무에 빗대어 말하면, '과학은 줄기이고, 수학은 뿌리이기 때문이지 않을까?' 하는 생각에 닿았습니다. 과학은 시대에 따라 진실이 변하기도 하여 그 지식이 바뀌기도 하는 반면에, 수학은 3천 년 전이나 지금이나 틀림없는 진리이니 말입니다.

그래서 문학으로 수학을 말하는 일이 더 조심스러웠나 봅니다. 수학의 규칙이 분명하고 엄격하니, 동시와 수필의 성격이 자유롭더라도 자칫 수학의 사실을 그릇되게 이야기하면 어쩌나 싶었습니다. 그래도 갈 길은 가야 해서, 제 나름으로는 길 가장자리에 바짝 붙어서 걷듯 수학이 허용하는 정도를 가늠하여 조심스레 창작했습니다. 그 후, 다행히 이 수학 시리즈의 감수를 맡아 주신 김판수 교수님의 감수 말씀을 편지로 전

달 받고 나서 안심할 수 있었습니다. 시리즈 전체 원고를 꼼꼼히 읽으시고, 격려와 칭찬과 기대의 말씀을 전해 주신 김판수 교수님께서는 현행(2015 개정) 초등 수학 교과서의 집필 책임자이시라서, 저자인 저는 그제야 마음을 놓을 수 있었습니다. 물론, 교과 단계를 넘나들거나 무리한 표현을 지적해 주신 감수 내용은 모두 받아들이고 수정하여 초등 수학 교육 기준에 맞추었습니다. 이 시리즈의 완성도를 높여 주신 김판수 교수님께 감사 드립니다.

앞서 출간된 『로로로 초등 과학』 시리즈와 마찬가지로 이 수학 시리즈도 초등 수학 교과서의 단원 순서에 맞추어 썼습니다. 다만 아시다시피, 초등 수학 교과서는 덧셈, 뺄셈, 곱셈, 나눗셈의 연산 단원은 학기별, 학년별로 어려움의 정도를 높여 반복하여 익히도록 가르치고 있습니다. 하지만, 『로로로 초등 수학』 시리즈는 문제 풀이를 위한 익힘 학습서가 아니기에 '덧셈, 뺄셈, 곱셈, 나눗셈'은 그 개념들을 중심으로 딱 한 번씩만 다루었습니다. 그래야 이 로로로 시리즈의 성격을 분명히 하는 것이라고 믿었기 때문입니다. 개념은 그 원리를 알아차리고 이해하는 것이 중요하고, 문제 풀이는 자꾸 반복해야 잘 익힐 수 있으니, 익힘은 따로 준비하시기 바랍니다.

 수학 시리즈의 편집 구성도 『로로로 초등 과학』 시리즈와 같습니다. 시리즈의 부제목이 그것을 말해 주고 있습니다. 따라서, 그야말로 '동시로 생각하고, 수필로 이해하고, 문제로 논술하는' 것이 이 시리즈 각 장의 구성입니다. 그중 단원 끝에 내놓은 서술형 두 문제는 정답을 목적 삼지 않아서, 독자 스스로가 생각한 것을 자유롭게 쓰면 됩니다. 그것으로 충분한 의미가 있다고 저는 믿습니다. 생각은 자유로울수록 멀리 가고 오래 가기 때문입니다. 밭이 넓고 걸수록 넝쿨 줄기도 멀리 뻗어 나가고 그 뿌리도 굵게 여뭅니다. 밭에 정성 들인 농부가 땅속에서 자란 고구마를 다발째 수확하듯, 모쪼록 독자 여러분도 수학의 보랏빛 뿌리를 줄줄이 만나시기 바랍니다.

2019년 10월 첫날에
저자 윤병무

1
평면에 그린 곧은 '선'과 '모양'

도형이란 무엇일까요?
도형이 되려면 어떤 조건이 필요할까요?
선의 종류와 성격과 말뜻을 알아보아요.
그리고 선으로 이어진 모양에
어떤 것이 생기는지도 알아보아요.

평면도형

밤하늘에 그린 그림

아주 먼 옛날,
별을 사랑한 사람들이
보이지 않는 그림을 밤하늘에 그렸어요.

반짝이는 별과 별 사이에
눈으로 곧게 그은 선으로
별자리 그림을 그렸어요.

그중 북두칠성은
여섯 개의 선분으로 그린,
세상에서 가장 큰 국자예요.

그보다 훨씬 오래전부터
태양은 사방팔방을 향해
제빛으로 화살을 쏘았어요.

해가 쏜 노란 화살이 곧게 날아가요.
달과 지구를 지나서도 계속 뻗어 나가요.
그래서 해의 빛살은 **반직선**이에요.

시작도 끝도 없고, 보이지도 않는 곧은 선이
ㄱ 별을 지나 ㄴ 별을 통과해요.
시간이라는 그 이름은 **직선**이에요.

별자리는 별들의 자리로 그린 그림이어서
선분이 꺾이는 **꼭짓점** 별마다
각이 생겨요.

각이 생기면 모양도 생겨서
평면도형이 태어나요.
평면도형 안에는 **직각**도 있어요.

직각이 하나뿐인 **직각삼각형**도 있고요,
네 **변**이 모두 직각인
직사각형과 **정사각형**도 있어요.

누구든 나쁜 습관을 바꾸려면
반직선인 습관이 선분이 되어야 해요.
선분이 되어 습관을 멈춰야 해요.

그러고는 또 다른 선분들을 더 그어서
자기만의 새로운 그림을 그리면
누구나 멋진 별자리를 완성할 수 있어요.

"학교 마치면 곧장 집으로 와!"

아침에 등교하려고 집을 나설 때, 종종 이렇게 말씀하시는 엄마들이 계실 거예요. 아마도 자녀가 하굣길에 종종 여기저기 기웃거리느라고 귀가가 늦었겠지요. 자녀 입장에서는 '그럴 수도 있지.'라고 생각할 수도 있겠어요. 그래서 엄마에게 우스갯소리로 이렇게 대답할 수도 있겠어요.

"제가 무슨 '선분'인가요? 학교와 집만 곧은 선으로 잇는……"

그러면 아마도 엄마들은 머릿속으로 '선분? 선분이 뭐지?' 하며 자신의 초등학생 때 기억을 찾아내느라고 머릿속이 바빠질 거예요.

1 평면에 그린 곧은 '선'과 '모양'

'선분'이 무엇일까요? 선분(線分)의 한자는 줄 선(線), 나눌 분(分)이에요. 한자대로라면, 마치 젓가락처럼 '토막 나 있는 선'이겠지만, 선분의 분명한 뜻은 '두 개의 점 사이를 곧게 이은 선'이에요. 선분에는 두 개의 점이 있으니까, '점 ㄱ'과 '점 ㄴ' 사이에 곧은 선이 있는 거예요. 그래서 그 선분을 선분 ㄱㄴ 또는 선분 ㄴㄱ이라고 해요. 이렇듯 선분은 곧은 선이지만, 두 개의 점 사이에 갇혀 있어요.

반면에 '반직선'과 '직선'은 한쪽 또는 양쪽으로 열려 있는 선이에요. 그중 한쪽으로 열려 있는 선은 '반직선'이에요. 반직선(半直線)의 한자는 반 반(半), 곧을 직(直), 줄 선(線)이에요. 그래서 반직선은 곧게 이어진 선이지만 '절반'은 닫혀 있어요. 반직선의 더 분명한 뜻은 '한 개의 점에서 어느 한쪽으로 끝없이 이어진 곧은 선'이에요. '점 ㄱ'에서 시작한 반직선이 한쪽으로 이어지다가 '점 ㄴ'을 통과할 경우, 반직선 ㄱㄴ이라고 해요. 반대로 '점

ㄴ'에서 시작한 반직선이 '점 ㄱ'을 통과할 경우, 반직선 ㄴㄱ이라고 해요.

반직선은 한쪽으로만 열려 있는 선이지만, 직선은 양쪽으로 열려 있는 선이에요. 그래서 직선(直線)의 뜻은 '양쪽으로 끝없이 이어진 곧은 선'이에요. 직선이 양쪽으로 이어지다가 '점 ㄱ'과 '점 ㄴ'을 통과할 경우, 직선 ㄱㄴ 또는 직선 ㄴㄱ이라고 해요.

선분은 '두 개의 점 사이를 곧게 이은 선이에요.

그런데 두 개의 반직선이 한 점에서 만나면 무엇이 생겨나요. 선이 하나일 때는 없었던 '도형'이 그것이에요. 도형(圖形)의 한자는 그림 도(圖), 모양 형(形)이에요. 말 그대로 도형은 '그림 모양'이에요. 그래서 도형은 '선이나 면으로 이루어진 모양'이에요. 국자 모양의 북두칠성이 여러 방향의 선분들이 이룬 도형이듯 말이에요. 그리고 다른 방향의 두 선이 한 점에서 만나면 '각'이 생기면서 '꼭짓점'과 '변'이 나타나요.

각(角)의 한자는 뿔 각(角)이에요. 각의 바깥쪽이 동물의 뿔처럼 뾰족한 모양이어서 붙여진 이름이에요. 각의 분명한 뜻은 '한 개의 점에서 갈려 나간 두 개의 반직선이 벌어진 정도'예요. 그리고 한글 이름인 꼭짓점은 '각을 이루고 있는 두 선이 만나는 점'이에요. 이때 일컫는 '두 선'은 '두 변'을 뜻해요. 변은 '각을 이루는 도형의 선분'이에요. 변은 각이 있는 도형의 가장자리이기도 해서, 변(邊)의 한자는 가장자리 변(邊)이에요.

직각은 두 개의 선이 벌어진 정도가 마치 한글 ㄴ이나 알파벳 L 같은 모양이에요.

각(角) 중에는 **직각**도 있어요. 직각은 두 개의 선이 벌어진 정도가 마치 한글 ㄴ이나 알파벳 L 같은 모양이에요. 그런데 한글 ㄴ이나 알파벳 L의 도형에 선분 하나를 더 그어서 삼각형을 만들면 3개의 각이 생겨요. (각이 3개 있어서 이름이 '삼각형'이에요) 이처럼 '==직각이 하나 있는 삼각형=='을 **직각삼각형**이라고 해요.

4개의 선분으로 이루어진 사각형은 각도 4개예요. 각이 4개 있어서 이름이 '사각형'이에요. 그중에서 '==4개의 각이 모두 직각인 사각형=='을 **직사각형**이라고 해요. ('직

4개의 선분으로 이루어진 사각형은 각도 4개예요. 각이 4개 있어서 이름이 '사각형'이에요.

각사각형'이 아니라 '직사각형'이에요.) 그리고 사각형 중에는 정사각형도 있어요. 한자로 바를 정(正) 자를 쓰는 정사각형은 '4개의 각이 모두 직각이고, 4개의 변의 길이가 모두 같은 사각형'이에요.

그런데 왜 정사각형은 사각형 앞에 바를 정(正) 자가 붙었을까요? '사각형의 각이 모두 직각이고, 변의 길이도 모두 같다'는 것을 한 낱말로 말하라면, '똑같다'라고 대답할 수 있을 거예요. 한자 사전에 나와 있는 정(正)의 뜻은 무려 스무 개가 넘어요. 그중에는 '서로 같다'라는 뜻

1 평면에 그린 곧은 '선'과 '모양'

도 있어요. 어떤 사각형에서 각은 각대로, 변은 변대로 모두 똑같으니, 왜 그렇게 이름을 지었는지 알겠어요. 이렇듯 모든 이름에는 다 이유가 있어요. 독자 여러분의 이름에는 어떤 뜻이 있나요?

• 아래의 두 물음을 읽고
  스스로의 생각을 자유롭게 써 보아요.

1. 직각삼각형에는 직각이 1개 있어요. 직각이 2개 있는 삼각형도 있을까요?

2. 스마트폰의 화면은 왜 직사각형일까요? 보기에 가장 편리한 화면의 도형은 무엇일까요?

2
나눗셈은 빠르고 편리한 뺄셈

나눗셈은 어느 때 하는 셈법일까요?
나눗셈을 하면 어떤 점이 좋을까요?
나눗셈을 하면 나타나는 '몫'과 '나머지'는
무엇을 뜻할까요?
어떤 수를 그보다 작은 수로
똑같은 수만큼 나누는 셈법에 관하여
알아보아요.

나눗셈

– 소녀의 혼잣말

옛날 옛적 산골 마을에서
농부 일곱 명이 함께 감자 농사를 지었어요.
수확을 마치자 감자 자루가 쌓였어요.

+ 소년, − 소녀, x 소년, ÷ 소녀가
쌓이는 자루를 지켜보고 있었어요.

먼저 + 소년이 나서서 감자 자루를 세었어요.
모두 66자루였어요.
일곱 농부는 똑같이 나누어 갖기로 했어요.

농부들은 한 사람당 몇 자루씩
나눌 수 있을지 궁금한 표정으로
+ 소년을 바라보았어요.

뒷머리를 긁적이는 + 소년 앞에
 − 소녀가 기세등등하게 나섰어요.
 − 소녀는 한 자루, 한 자루씩
일곱 곳에 감자 자루를 옮기게 했어요.

착한 농부들은 − 소녀의 말을 따랐지만
각자의 몫을 알려면 한참을 기다려야 해서
마음이 답답했어요.

 − 소녀가 미안한 표정으로 말했어요.
"1인당 몇 가마씩 돌아갈지는
아직은 저도 몰라요.
한 자루씩 빼기를 해 봐야 알아요."

이때 − 소녀처럼 생긴 ÷ 소녀가 나셨어요.
그러고는 분명하게 말했어요.
"한 사람의 몫은 9자루예요.
그러고 나면 나머지는 3자루예요."

그 말에 × 소년과 − 소녀가 함께 말했어요.
"생각해 보니 ÷ 소녀 말이 맞아요.
7×9=63이고
66−63=3이니까요."

기뻐하는 농부들에게 ÷ 소녀가 말했어요.
"66÷7은
66−9−9−9−9−9−9−9와 같아요.
그리고 이렇게 나누거나 빼면
63이어서, 나머지는 3이에요."

그러자 가장 나이 많은 농부가 말했어요.
"그럼 나머지 3자루는
우리 마을의 가난한 노부부께 드립시다."
농부들이 손뼉 치며 찬성했어요.

수레마다 감자 자루를 싣고 모두 떠나자
감자밭에 ─ 소녀가 혼자 남았어요.
한옆에 감자 2개가 흘려 있었어요.

─ 소녀가 감자 2개 사이에 누워 보았어요.
그러고 보니 그 모양이 ÷와 같았어요.
÷가 ─에서 시작한 셈법인 것을
알아차린 ─ 소녀가 혼잣말했어요.

"그래, 나눗셈은
빠르고 편리한 뺄셈이었어."

'가감승제'라는 말을 들어 보았나요? 요즘은 잘 쓰지 않는 말이에요. 그 말뜻은 '덧셈, 뺄셈, 곱셈, 나눗셈'이에요. 가감승제(加減乘除)의 한자는 더할 가(加), 덜어 낼 감(減), 탈 승(乘), 덜어 낼 제(除)예요. 이 중에서 승(乘) 자는 '오르다', '헤아리다', '이기다' 등의 여러 뜻을 포함해 '곱하다'라는 뜻도 있지만, 그 대표적인 뜻은 마차 같은 것에 '타는 것'이에요. 마차를 타고 가면 걸어가는 것보다 빠르고 편해요. 곱셈은 덧셈보다 빠르고 편한 셈법이어서 승(乘) 자를 '곱셈'의 뜻으로도 쓴 것이 아닐까요?

그런가 하면, 뺄셈인 감(減)과 나눗셈인 제(除)는 둘

나눗셈을 하는 목적은 어떤 수에서 나누는 수의 몫과 나머지를 구하려는 것이에요.

다 '덜어 내다'라는 뜻이에요. 생각해 보면, 뺄셈과 나눗셈은 셈을 하는 목적이 같을 때가 있어요. '똑같은 수량을 묶어서 덜어 낼 때'가 그때예요. 앞의 동시에서 감자자루들을 7명이 똑같이 나누어 가지려는 것이 농부들의 목적이었어요. 그래서 66자루의 감자를 7명이 9자루씩 나누어 가졌어요. 이 나눗셈은 66자루에서 9자루씩 빼서 7명이 나누어 가지는 것과 같았어요. 그러고는 자루째로는 더는 나누어 지지 않는 남은 3자루를 가난한 이웃에게 드리기로 했어요. 이렇듯 66을 7로 나눈 몫은 66에서 7씩 뺀 횟수와 똑같아요. 그리고 9씩 일곱 묶음으로 두는

빵이 100개가 있어도 나누어 가질 사람이 한 사람도 없으면(0명) 그 빵은 나눌 수가 없는 거예요.

것과도 같아요. 하지만 수의 크기가 커질수록 뺄셈으로 똑같이 나누려면 시간이 오래 걸려요. 그래서 뺄셈보다 빠르고 편리한 나눗셈을 하는 거예요.

그런데 나눗셈은 무엇을 구하려는 셈법일까요? 옛날부터 사람들은 왜 나눗셈을 하게 되었을까요? 그것은 몫을 알기 위한 것이었어요. 얼마큼의 무엇을 얼마큼의 사람이 나누어 가져야 할 때, 한 사람의 몫이 얼마큼인지를 빠르고 쉽게 셈할 방법이 필요했던 거예요. 그 방법이 나눗셈이었어요. 빵 250개를 만들어 놓았는데 50명의 일꾼

2 나눗셈은 빠르고 편리한 뺄셈

에게 나누어 주려면 한 사람당 몇 개씩 나누어 주면 똑같이 나누어 줄 수 있을지는 나눗셈을 해 보면 쉽게 알 수 있었거든요. 그 셈을 뺄셈으로 하면 시간이 오래 걸릴 테니까요.

 이렇듯 어느 경우에나 몫은 '어떤 수를 나누는 수로 똑같이 나누었을 때 나타나는 수'를 뜻해요. 그런데 빵 9개를 네 사람이 똑같이 나누어 가지려면 한 사람의 몫은 2개여서 8개의 빵은 골고루 나누어지지만, 그러고 나면 빵 1개가 남아요. 그것을 나머지라고 해요. 그래서 나눗셈에서는 '몫'이 있고, 때에 따라서 '나머지'도 생겨요. 다시 말하면, 나눗셈을 하는 목적은 어떤 수에서 나누는 수의 몫과 나머지를 구하려는 것이에요.

 그런데 어떤 수를 0으로 나눌 수는 없어요. 그것은 불가능해요. 0은 '나누는 수가 없는 상태'를 뜻해요. 그러니 0으로는 어떤 수를 나눌 수도 없어요. 이를테면, 빵이

100개가 있어도 나누어 가질 사람이 한 사람도 없으면 (0명) 그 빵은 나눌 수가 없는 거예요.

나누어질 것이 무엇이든 그것을 '잘' 나누는 방법은 무엇일까요? 그것은 나눗셈을 잘하는 것과 같아요. 모두에게 똑같은 몫이 돌아가게끔 나누는 것이에요. 똑같은 몫은 공평한 수량일 거예요. 학교에서 급식할 때도 키가 큰 학생이든, 키가 작은 학생이든 반찬의 개수나 우유의 개수가 똑같듯이, 똑같은 몫으로 나눌 때 모두에게 공평한 나눔이 되어요. 나눗셈은 공평함을 위해 생겨난 셈법이에요.

• 아래의 두 물음을 읽고
  스스로의 생각을 자유롭게 써 보아요.

1. 나눗셈은 덧셈과 뺄셈, 그리고 곱셈을 익히고 나서 배우게 되어요. 왜 나눗셈을 맨 나중에 배우는 걸까요?

2. 나눗셈으로 나눌 수 없는 경우는 무엇일까요? 자신의 경험을 떠올려서 그것이 무엇인지를 쓰고 이유도 써 보세요.

3 같은 길이를 다르게 나타내는 기준들

물건의 길이를 어떻게 잴 수 있을까요?
잰 길이는 어떻게 나타낼까요?
길이를 나타내는 기준은 무엇일까요?
길이를 나타내는 여러 기준에 대하여
알아보아요.

길이와 시간

길이 재기 대회

길이 단위들이 길이 재기 대회를 열었어요.
첫 번째 겨루기는 글을 쓰려고 태어난
연필의 길이를 재는 것이었어요.

연필이 몇 글자나 쓸지는 알 수 없지만
cm가 먼저 나서서
18걸음으로 잰 길이를 자신 있게 말했어요.
"이 연필의 길이는 18cm예요."

그러자 있는지도 모를 만큼 작은
눈곱만한 mm가 나섰어요.
mm는 178걸음으로 잰 길이를 말했어요.
"이 연필의 길이는 178mm예요."

키 큰 m와, 그보다 훨씬 더 큰 km는
한 뼘만 한 겨루기에 나서지도 못한 채
연필을 바라만 보았어요.

연필의 길이를 더 정확하게 잰
mm가 1등을 차지했고
cm는 2등이 되었어요.

두 번째 겨루기는 축구 경기장에서
골대의 길이를 재는 것이었어요.
이번에는 m가 나서서 7걸음 만에 잰 길이를 말했어요.
"이 축구 골대의 길이는 7m예요."

그러자 cm가 나서서 골대의 길이를 쟀어요.
연필 길이를 잴 때보다 오래 걸렸지만
cm는 732걸음 만에 잰 길이를 자신 있게 말했어요.
"이 축구 골대의 길이는 732cm예요."

옆에 있던 mm와 km는
너무 짧거나 길어서 겨루기에 나서지도 못한 채
축구 골대를 바라만 보았어요.

이번에는 축구 골대의 길이를 더 정확하게 잰
cm가 1등을 차지했고
m는 2등이 되었어요.

마지막 겨루기는 서해안 고속도로에서
서해 대교의 길이를 재는 것이었어요.
이번에는 km가 나서서 성큼성큼 7걸음 만에
서해 대교의 길이를 재고는 금세 돌아와 말했어요.
"서해 대교의 길이는 7km예요."

그러자 m가 나서서 서해 대교의 길이를 쟀어요.
그런데 길이를 재려고 떠난 지 1시간이 지나도
m는 나타나지 않았어요.

경기를 지켜보던 mm와 cm와 km가
더는 기다릴 수 없을 만큼 지루해 있을 때
땀을 뻘뻘 흘리며 돌아온 m가 말했어요.
"서해 대교의 길이는 7,310m예요."

마지막 겨루기에서는 m가 1등을 차지했지만
그사이에 날이 저물고 달이 뜰 정도로
시간이 너무 많이 지나서 기쁨은 크지 않았어요.

그때, 까마득한 곳에서 빛나는 별빛이 말했어요.
"어두울 때만 보이는 내가 누군지 아니?
내 이름은 광년(光年)이야.
나는 세상에서 가장 긴 길이 단위야.
빛이 1년 동안 뻗어 나가는 거리의 길이이거든."

별빛의 말에 모두가 깜짝 놀랐어요.
먼저 정신 차린 km가 별빛에게 물었어요.
"달이 지구와 가장 멀리 있을 때의 거리는

제 걸음으로는 405,400걸음이어서
그 길이는 405,400km예요.
빛의 걸음으로는 몇 걸음이에요?"

별빛이 희미하게 웃으며 대답했어요.
"달에서 지구까지의 거리는
내게는 발가락을 꼼지락대는 정도도 안 돼.
내 한 걸음이 1년인데,
그 길이는 내게 2초도 안 되거든."

　수학 교과서와 연계된 이 장의 주제는 '길이와 시간'이에요. 그런데 '시간과 시각'에 대해서 『로로로 초등 수학 2학년』의 「멈추지 않고 앞으로만 가는 시간」(7장)에서 알아보았어요. 그래서 이 책에서는 그 핵심 개념인 '시간과 시각'의 말뜻만 다시 확인하겠어요. 한자로 때 시(時), 사이 간(間)인 시간(時間)의 말뜻은 말 그대로 '어느 때부터 어느 때 사이'예요. 반면에 한자로 때 시(時), 새길 각(刻)인 시각(時刻)의 말뜻은 '어느 한순간'이에요. 다시 말하면, 시간은 '언제부터 언제까지'이고, 시각은 '어느 한때'예요.

　미국의 유명한 작가인 롤프 마일러의 동화책 『발 하나

의 크기는 얼마나 될까요?』는 '길이'에 대한 짧은 이야기예요. 옛날에 왕비에게 침대를 선물하고 싶은 왕이 자기의 발 크기로 왕비의 키를 재서 신하를 통해 소년 목수에게 알려줬어요. 만들 침대의 길이는 발 6개만큼의 길이였어요. 그 말에 따라, 소년 목수는 자기 발 6개만큼의 길이대로 침대를 만들었어요. 만든 침대는 왕비에게는 너무 작았어요. 감옥에 갇힌 소년 목수는 잘못된 원인이 발 크기에 있다는 것을 깨달았어요. 소년 목수는 왕의 발 크기를 알려 달라고 했어요. 나랏일로 바쁜 왕은 조각가를 불러서 왕의 발 모양대로 돌 조각을 만들게 했어요. 그 돌 조각을 보고 소년 목수는 왕의 발 길이를 알아냈고, 왕비에게 맞는 침대 길이도 알아냈고, 그 길이대로 침대를 다시 만들었어요. 왕은 소년 목수를 왕자로 삼을 만큼 크게 기뻐했어요. 그 후로 왕의 발 모양의 돌 조각은 모든 백성에게 길이의 기준이 되었어요.

이 동화처럼, 실제로 옛날에는 발 크기가 '길이 단위'

였어요. 길이 단위라는 말은 '길이의 일정한 기준'을 뜻해요. 밀리미터(mm), 센티미터(cm), 미터(m), 킬로미터(km) 등이 길이 단위예요. 이런 길이 단위 중 하나인 피트(feet)는 오늘날에도 영국과 미국에서 사용하고 있어요. 기호로는 ft라고 쓰는 1피트(ft)를 센티미터로 나타내면 약 30센티미터인데, 그것은 '발뒤꿈치부터 엄지발가락까지의 길이'에서 유래해요. 앞에 소개한 동화가 바로 피트의 유래를 재미있는 이야기로 지은 거예요.

이뿐만 아니라, 옛날에는 오늘날처럼 정확한 길이를 잴 수 있는 자가 없어서 피트처럼 몸의 한 부분을 자처럼 사용하였어요. 아주 오래전 고대 이집트에서의 단위는 큐빗(cubit)이었어요. '팔꿈치에서 손끝까지의 길이'인 큐빗은 약 45센티미터였어요. 또 몇백 년 전 영국에서는 앞서 얘기한 피트를 비롯해 인치, 야드라는 이름의 단위를 사용했어요. 오늘날 우리가 바지의 허리둘레를 나타낼 때 사용하는 인치(inch)는 '엄지손가락의 너비'에서 유래

하는데, 그것은 2센티미터가 조금 넘는 길이예요. 또한 야구장 등에서 사용하는 야드(yard)는 '코끝에서 곧장 팔을 뻗어 엄지손가락까지의 길이'에서 유래해요. 그 길이는 약 90센티미터예요. 이 모두는 오늘날에도 주로 영국과 미국에서 사용하는 길이 단위들이에요.

오래전 중국에서 사용했던 단위도 있어요. 흔히 한 뼘이라고 일컫는 '자'가 그것이에요. 자는 '손을 편 상태에서 엄지손가락 끝에서 가운뎃손가락 끝까지의 길이'예요. 척(尺)이라고도 부르는 자의 길이는 약 30센티미터예요. 오늘날 우리가 흔히 사용하는 자의 길이가 30센티미터인 것은 옛날 중국의 길이 단위인 '자'에서 유래했기 때문이에요.

그런데 옛날에는 이렇게 길이 단위가 나라마다 따로따로이다 보니, 어떤 길이가 얼마큼인지를 모든 사람이 쉽게 알아차리지 못했어요. 그래서 지금으로부터 약

150년 전에 전 세계 모두가 공통으로 사용할 수 있는 단위를 정하게 되었어요. 그것이 미터법(meter法)이에요. 미터(m)에서 밀리미터(mm)와 센티미터(cm)와 킬로미터(km)가 나왔어요. 1미터는 100센티미터이고, 1센티미터는 10밀리미터여서, 1미터는 1000밀리미터예요. 그리고 1킬로미터는 1000미터예요. 그래서 앞의 동시에서처럼 지우개나 연필 같은 작은 물건은 센티미터나 밀리미터로 길이를 나타내요. 또 자동차나 축구 골대 같은 물건은 미

1미터는 100센티미터이고, 1센티미터는 10밀리미터여서, 1미터는 1000밀리미터예요. 그리고 1킬로미터는 1000미터예요.

터나 센티미터로 길이를 나타내요. 반면에 긴 다리나 서울 – 부산의 거리처럼 긴 길이를 나타낼 때는 킬로미터나 미터로 길이를 나타내요.

그런데도 이 '미터법'을 모든 나라가 사용하고 있지는 않아요. 앞서 얘기했듯이, 아직도 영국과 미국 등의 나라에서는 인치나 피트나 야드 같은 단위를 사용해요. 그래서 1미터(m)는 약 40인치(in)이고, 약 3피트(ft)이며, 약

긴 다리나 서울–부산의 거리처럼 긴 길이를 나타낼 때는 킬로미터나 미터로 길이를 나타내요.

3 같은 길이를 다르게 나타내는 기준들

1야드(yd)예요. 길이라는 말은 '어떤 물체의 한쪽 끝에서 다른 쪽 끝까지의 거리'를 뜻하지만, 이처럼 단위에 따라 다르게 나타내요. 그러고 보면, 오랫동안 익숙해진 습관을 버리는 일은 참 어려운가 보아요.

• 아래의 두 물음을 읽고
  스스로의 생각을 자유롭게 써 보아요.

1. 왜 미터 말고도 센티미터와 밀리미터와 킬로미터를 정하여 각각의 단위로 삼았을까요?

2. 머리카락이나 거미줄처럼 아주 가느다란 굵기를 재려면 밀리미터보다 더 작은 길이 단위가 필요할 거예요. 밀리미터보다 더 작은 길이 단위는 무엇일까요?

4

0보다는 크고 1보다는 작은 수

분수는 어느 때 쓰는 수학일까요?
분수에는 어떤 종류가 있을까요?
소수는 무엇에 필요한 수학일까요?
분수가 있는데도 왜 굳이 소수를 만들어
사용하게 되었을까요?
0과 1 사이의 있는
분수와 소수에 관하여 알아보아요.

분수와 소수

0과 1 사이의 길

3000년 전 어느 날, **분수**(分數)가
0과 1 사이의 길을 처음 걸어갔어요.
짧고도 긴 그 길에서 두 마리 원숭이가
수박 한 통을 가운데 두고
서로 갖겠다고 다투고 있었어요.

현명한 **분수**가 점잖게 말했어요.
"얘들아, 수박이 한 통뿐이니 너희 둘이
절반씩 나누어 갖는 것은 어떻겠니?"
그제야 다툴 일이 아니라는 것을
두 원숭이는 깨달았어요.

분수는 자기 허리띠인 ― 칼날로
수박 한 통을 $\frac{1}{2}$로 나누었어요.
두 원숭이가 다툴 일은 없어졌지만

그렇다고 수박 한 통이
두 통이 된 것은 아니었어요.

그 후 2600년이 지났지만
0과 1 사이의 길은 그대로였어요.
그런데 어느 날 **분수**가 오고 간 그 길을
소수(小數)도 **소수점** 발자국을 찍으며 걸어갔어요.

소수가 그 길을 0.5쯤 지날 때
두 마리 수사슴이 뿔싸움을 했어요.
자기 뿔이 더 크다며 다투고 있었어요.

신발에서 줄자를 꺼내 든 **소수**가 말했어요.
"얘들아, 내가 너희 뿔의
길이와 굵기를 정확하게 재 줄까?"

뿔싸움을 멈춘 두 사슴이 늠름하게 섰어요.
소수는 두 사슴 머리에서 나무처럼 자란
양쪽 뿔의 길이를 재고는 덧셈을 했어요.

한 사슴의 양쪽 뿔 길이는
81.5cm+82.3cm=163.8cm이었고,
다른 한 사슴의 양쪽 뿔 길이는
82.2cm+82.7cm=164.9cm이었어요.

소수는 뿔의 밑부분 둘레도 줄자로 쟀어요.
그런데 뿔의 굵기는 한 사슴의 뿔이
다른 한 사슴의 뿔보다 1.1cm 더 굵었어요.

뿔의 크기로는 더는 뿔싸움할
이유가 없다는 것을 알게 된 두 사슴에게
소수가 줄자를 신발에 넣으며 말했어요.

"**분수**로 계산하면 어렵지만
소수로 계산하면 쉽단다.
이 방법을 알기까지 나는
0과 1 사이의 길에서 2600년을 기다렸단다.
공짜로 알게 된 기분이 어떠니?"

  '자연수'라는 말을 들어 보았나요? 자연수는 '1, 2, 3, 4, 5…처럼 1부터 시작하여 하나씩 더하여 얻는 모든 수'를 뜻해요. 한자로 스스로 자(自), 그러할 연(然)인 자연(自然)의 뜻은 '사람의 힘이 더해지지 않은 원래 그대로인 것'이에요. 마찬가지로, 자연수도 사람이 만든 수가 아니라 '하나, 둘, 셋…'이라고 셀 수 있는 원래 그대로의 수예요. 그런데 수학의 세상에는 자연수가 아닌 수도 있어요. 이를테면 0과 1 사이에 있는 수가 그것이에요. 다시 말하면, $\frac{1}{2}$이나 $\frac{2}{5}$ 같은 분수나, 0.5나 0.4 같은 소수는 0보다는 크고 1보다는 작은 수의 크기를 일컫기 위하여 옛날부터 사람들이 만들어 사용한 수예요.

사람들은 왜 '0보다는 크고 1보다는 작은 수'를 만들어 사용했을까요? 앞의 동시 이야기처럼, 수박 1통을 여럿이 나누어야 할 때, 같은 크기로 자른 수박의 조각들을 일컬을 말이 필요했던 거예요. 그래서 수박 1통을 같은 크기로 두 쪽을 내면 그것의 한 쪽을 $\frac{1}{2}$이라고 쓰고 '2분의 1'이라고 읽었고, 수박 1통을 같은 크기로 네 쪽을 내면 그것의 한 쪽을 $\frac{1}{4}$이라고 쓰고 '4분의 1'이라고 읽었어요. 이렇듯 전체에 대한 부분을 나타내는 수를 '분수'라

수박 1통을 같은 크기로 두 쪽을 내면 그것의 한 쪽을 $\frac{1}{2}$이라고 쓰고 '2분의 1'이라고 읽어요.

고 해요. 그래서 분수(分數)의 한자는 나눌 분(分), 셈 수(數)예요. 분수에는 $\frac{1}{2}$이나 $\frac{7}{10}$처럼 0보다는 크고 1보다는 작은 수도 있지만, $\frac{7}{3}$이나 $\frac{9}{4}$처럼 1보다 큰 수도 있어요. 하지만 1보다 큰 그 수들도 자연수만으로 딱 떨어지지 않아서 결국은 분수나 소수로 표시해야 해요.

분수는 나누어지는 수를 위에 두고, 나누는 수를 아래에 두어요. 그리고 분수의 아래쪽에서 나누는 수를 '분모'라고 하고, 위쪽에서 나누어지는 수를 '분자'라고 해요. 분모(分母)의 한자는 나눌 분(分), 어머니 모(母)이고, 분자는 나눌 분(分), 아들 자(子)예요. 왜 이름을 그렇게 지었을까요? 어린 자식보다 어머니가 크듯이, 나누는 아래쪽의 수가 나누어지는 위쪽의 수보다 커야 그 분수의 크기가 0보다는 크고 1보다는 작기 때문이에요.

이렇듯 분수는 어떤 수를 그보다 큰 수로 나눌 일이 있을 때 필요해서 일부러 만든 수예요. 그래서 분수는 원

4 0보다는 크고 1보다는 작은 수

래는 분모가 분자보다 커야 해요. 피자 1판을 4명이 똑같이 나누어 먹으려면 피자 1판을 4조각으로 등분하여 1조각씩 나누면 되듯이 말이에요. 그런데 피자 5판을 4명이 똑같이 나누어 먹으려면 1명당 피자 1판씩 가져간 다음, 남은 1판을 4조각으로 등분하여 1조각씩 또 나누어 가지면 되어요. 그것을 분수로 나타내면 $\frac{5}{4}$가 되어요. 그런데 이렇게 되면 분모가 분자보다 작아요.

이런 분수를 '가분수'라고 해요. 즉 가분수는 '분자가 분모와 같거나 분모보다 큰 분수'예요. 가분수(假分數)는 한자로 거짓 가(假), 나눌 분(分), 셈 수(數)예요. 분수를 만든 원래 목적이 0과 1 사이의 작은 수를 나타내려는 것인데, 가분수는 분자가 분모보다 커서 1보다 커요. 그래서 가분수는 이름 앞머리에 거짓 가(假)가 붙어서 말 그대로 '가짜 분수'인 거예요. 반면에 '분자가 분모보다 작은 분수'인 진분수(眞分數)의 앞머리 한자는 참 진(眞)이에요. '진짜'라는 말이지요. 그래서 진분수는 분수를 만

든 원래 목적대로 0보다는 크고 1보다는 작은 수를 나타내요. 그런가 하면 '대분수'도 있어요. 대분수는 가분수가 나타내는 분수를 보기 쉽게 정리해 놓은 분수예요. 이를테면, 가분수인 $\frac{8}{5}$은 '1과 $\frac{3}{5}$'과 같아요. 그래서 대분수로는 '1$\frac{3}{5}$'이라고 써요. 대분수(帶分數)의 앞머리 한자는 띠 대(帶)예요. 분수 옆구리에 수를 두르고 있어서 재미있는 이름이 붙었어요.

소수는 분수 계산을 손쉽게 하는 과정에서 생겨났어요. 그래서 소수는 물건의 양이나 길이를 정확히 잴 때 주로 쓰여요.

한자로 작을 소(小), 셈 수(數)인 소수(小數)는 무엇일까요? 소수는 분자와 마찬가지로 '0보다 크고 1보다 작은 수'예요. 그럼 분수가 있는데 왜 또 소수를 만들었을까요? 그것은 분수와 소수의 쓰임이 다르기 때문이에요. 분수는 나눗셈하는 과정에서 생겨났어요. 그래서 분수는 $\frac{1}{2}, \frac{2}{3}, \frac{3}{4}, \frac{4}{5}$처럼 전체 중에서 부분이 차지하는 수량을 한눈에 알아차릴 수 있을 때 주로 쓰여요. 소수는 분수 계산을 손쉽게 하는 과정에서 생겨났어요. 그래서 소수는 물건의 양이나 길이를 정확히 잴 때 주로 쓰여요.

예를 들어 볼게요. 1봉지에 2.5킬로그램인 초콜릿 3봉지의 무게는 7.5킬로그램이에요. 3봉지를 더한 이 무게를 분수로 계산하면 $2\frac{1}{2}+2\frac{1}{2}+2\frac{1}{2}=7\frac{1}{2}$이지만, 소수로 계산하면 2.5+2.5+2.5=7.5예요. 이처럼 분수의 덧셈도 분수로 계산하기보다 소수로 계산하는 것이 손쉬워요. 그래서 우리의 일상생활에서는 분수보다 소수를 사용할 때가 훨씬 많아요. 그런데도 소수가 분수에서 생겨났기 때문에 분수의 개념과 셈법도 알아야 해요. 그 쓰임이 다를 뿐더러, 오늘날을 이해하려면 옛날도 알아야 하니까요.

• 아래의 두 물음을 읽고
  스스로의 생각을 자유롭게 써 보아요.

1. 일상생활에서는 소수로 나타내는 경우가 많아요.
   그런데도 일상에서 주로 분수로 나타내는 경우는 어느
   때일까요?

2. 옛날부터 우리나라에서 분수나 소수의 의미로
   사용하던 '할, 푼, 리'라는 말이 있어요. 오늘날에는
   주로 어느 때 '할, 푼, 리'의 단위를 사용할까요?

5
지름과 반지름이 있는 도형

'원'은 어떤 도형일까요?
원에는 다른 도형에는 없는 것이 있어요.
그것은 무엇일까요?
원은 어떤 방법으로 그리면
쉽게 그릴 수 있을까요?
원의 구조를 알아보아요.

수수께끼

나는 구르려고 태어났어.
나는 두 개일 때도 있고
세 개일 때도 있고
네 개일 때도 있어.

너희가 걷기 시작했을 때 나는 네 개였어.
너희가 뛸 수 있었을 때 나는 세 개였어.
너희가 열 살이니 나는 두 개가 적당해.

그런 내게는 다른 도형에는 없는 게 있어.
그것은 지름이야.
지름은 나의 양쪽 둘레에서
나의 중심을 지나는 선분이야.
그래서 지름은 나를 다 채울 만큼 많아.

또 내게는 지름이 있어서 **반지름**도 있어.
반지름은 나의 중심에서 이은 선분이
나의 한쪽 둘레에 닿은 곧은길이야.
그래서 반지름은 지름의 절반이야.

내가 잘 구를 수 있는 것은
내게 반지름이 있기 때문이야.
나의 반지름은 나의 어느 쪽에서든 똑같거든.
반지름이 같아야 잘 구를 수 있어.
반지름이 길든 짧든 마찬가지야.

그런데 나의 반지름을 알려면
나의 중심축부터 찾아야 해.
모든 반지름은 **중심**에서 시작되거든.
반지름을 알면 지름도 알 수 있어.

어때? 이쯤이면 내가 누구인지 알겠지?
그래, 나의 이름은 바퀴야.
유모차도, 세발자전거도, 두발자전거도
나를 이용하여 만들어.
사람들이 원을 이용하여 나를 만든 것처럼.

그런데 나도 너희에게 궁금한 게 있어.
너희는 나중에 어른이 되면
무엇을 마음의 중심에 두고
어떤 보람 있는 일을 하고 싶니?

　세상의 모든 바퀴는 원형이에요. 왜 옛날부터 사람들은 바퀴를 원형으로 만들었을까요? 만약에 바퀴를 정삼각형으로 만들었다면 어땠을까요? 잘 굴러갈까요? 바퀴가 정사각형이라면 어떨까요? 또는 정오각형이나 정육각형이라면 어떨까요? 땅바닥의 조건이 같을 때, 정삼각형보다는 정사각형이, 정사각형보다는 정오각형이나 정육각형이 좀 더 잘 굴러가요. 바퀴의 모서리가 뾰족할수록 그 모서리가 바퀴가 구르는 것을 방해하기 때문이에요. 그러니 정육각형보다는 정팔각형이, 정팔각형보다는 정십육각형이 더 잘 굴러요. 그렇게 모서리가 무딘 모양의 바퀴일수록 더 잘 구르다가 마침내는 모서리가 전혀 없는 원형일 때 바퀴는 가장 잘 굴러가요.

원의 중심에서 원둘레까지의 길이가 바로 '반지름'이에요.

그래요. '원'에는 모서리가 없어요. 원은 원의 중심에서 원둘레까지의 길이가 어느 방향에서든 똑같기 때문이에요. 원의 중심에서 원둘레까지의 길이가 바로 '반지름'이에요. 즉 **반지름**은 원의 중심에서 원둘레의 한 점에 이르는 선분을 뜻해요. 자전거의 바퀴로 치자면, 바퀴의 중심축에서부터 타이어의 맨 바깥 부분까지가 반지름이에요. 일반 선풍기로 치자면, 모터와 연결된 선풍기의 중심축에서부터 선풍기 날개를 감싸고 있는 안전망 테두리까지가 반지름이에요. 이렇듯 반지름의 길이를 알려면 먼

원의 중심은 반드시 고정되어 있어야 반지름이 똑같은 원을 그릴 수 있어요.

저 원의 중심을 알아야 해요.

원의 중심을 알면 '지름'도 금방 알 수 있어요. 원둘레의 한 점에서 원의 중심을 통과해 맞은편 원둘레의 한 점까지 이어진 선분이 지름이기 때문이에요. 원둘레의 한 점에서 원의 중심까지 이어진 선분의 길이가 반지름이고, 그 반지름에서 다시 반듯하게 이어진 선분이 반대편 원둘레의 한 점까지 닿은 길이가 지름이에요. 그래서 지름은 반드시 원의 중심을 통과한 선분이어야 해요. 원의 중심을 통과하지 않아도 원 안에 원둘레의 한 점끼리 만나는 선분들을 그을 수 있지만, 그 선분들은 지름이 아니어서 그 길이들은 제각각이에요. 반면에, 원둘레의 한 점에서 시작하여 원의 중심을 통과한 선분이 반대편 원둘레의 한 점에 닿으면 그 선분은 어느 방향에서 시작한 것이든 그 길이는 똑같아요.

그런데 지름과 반지름은 원에만 있는 선분이에요. 삼각형, 사각형, 오각형, 육각형, 팔각형 등의 어느 도형에도 지름과 반지름은 없어요. 원이 아닌 도형들은 도형의 중심에서 도형의 테두리까지의 길이가 방향이 다르면 다르기 때문이에요. 그래서 그나마 원을 닮은 도형인, 달걀처럼 길쭉하게 둥근 타원에도 지름과 반지름은 없어요.

원을 가장 쉽게 그리는 방법은 무엇일까요? 그것은 반지름을 먼저 정하는 것이에요. 반지름이 정해지면 그 바깥의 한 점을 따라서 중심 둘레를 한 바퀴 빙그르르 돌리

면 원이 그려져요. 이때 원의 중심은 반드시 고정되어 있어야 해요. 그래야 반지름이 똑같은 원을 그릴 수 있으니까요. 이 방법으로 원을 그릴 때 흔히 사용하는 도구는 컴퍼스예요. 컴퍼스의 한쪽 다리를 고정하고, 다른 한쪽 다리를 벌려서 원하는 길이의 반지름을 정한 다음에, 한 바퀴 돌리면 반지름이 똑같은 원이 그려져요.

우리 마음에도 원이 생길 수 있을까요? 갑자기 기쁜 일이 생겼을 때 그럴 수 있지 않을까요? 마치 잔잔한 연못에 돌멩이 하나가 떨어져 점점 커지는 동심원을 그리는 것처럼, 그때는 우리 마음의 한가운데에서부터 시작된 기쁨이 마음 전체에 퍼져 나가서 동그란 원을 그릴 거예요. 그런데 기쁨은 누군가가 주는 칭찬이나 선물을 받을 때도 생기지만, 반대로 내가 누군가를 위해 마음속에서 우러나오는 따뜻한 마음을 줄 때 더 큰 동그라미가 생겨요. 정말이냐고요? 경험해 보면 느낄 거예요.

• 아래의 두 물음을 읽고
  스스로의 생각을 자유롭게 써 보아요.

1. 흔히들 '원'을 가장 완전한 도형이라고 일컬어요. 그 이유를 생각해 보고 자유롭게 써 보아요.

2. 삼각형이나 사각형으로 이미 만들어져 있는 물건 중에서 원형으로 바꿔 만들면 더 편리할 만한 것이 있을까요? 있다면 그것은 무엇일까요?

6 '얼마큼'을 어떻게 나타낼까요?

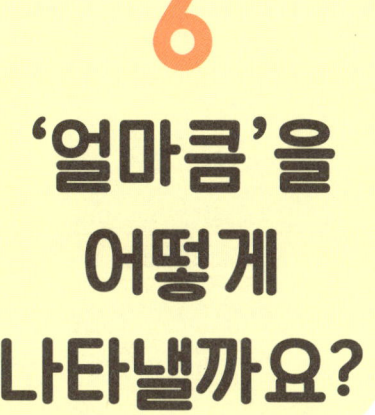

물건의 양과 무게는 어떻게 표시할까요?
옛날부터 사람들은 어떤 물건의 양이나 무게를
일정한 기준을 정해 나타냈어요.
양의 크기를 알려 주는 '들이'와,
무게의 정도를 알려 주는
단위에 관하여 알아보아요.

들이와 무게

'얼마큼'을 알려 주는 두 친구

영원한 단짝 친구 들이와 무게가
함께 오늘은 시장에 갔어요.

사실은 무게가 들이를 좋아해서
들이를 항상 따라다니는 거예요.
들이가 있는 곳엔 항상 무게가 있지만
무게가 있는 곳에 항상 들이가 있는 건 아니니까요.

언제나 원피스만 입는 들이는
때때로 옷을 갈아입어요.
어느 때는 큰 페트병 옷을 입고
어느 때는 작은 유리병 옷을 입어요.

그런데 들이는 아무리 큰 옷을 입어도
크기는 있어도 무게는 없어요.
들이가 제 몸무게를 무게에게 주었거든요.

반면에 무게는 무게는 있지만 크기는 없어요.
무게는 들이가 입은 옷에 따라
몸무게가 무거워지거나 가벼워지거든요.

시장에 들어서자 무게가 바빠졌어요.
정육점을 지날 때도
채소 가게를 지날 때도 무게는
저울에 가서 무게를 재 주었어요.

참기름 가게를 지날 때는 들이가 바빴어요.
여러 크기의 병에 담긴 참기름의
분량을 손님들께 알려 주느라고요.

어제도 오늘도 내일도 들이와 무게는
세상 곳곳에서 할 일이 많아요.
우리 주변을 둘러보아요.
여기저기에 들이와 무게가 있잖아요?

앞의 동시 얘기대로, 주변을 둘러보아요. 주방에는 냄비도 있고, 컵도 있고, 그릇도 있고, 유리병도 있어요. 냉장고에는 페트병도 있고, 캔도 있어요. 욕실에는 샴푸 통도 있고, 세제 통도 있고, 세숫대야도 있어요. 그런데 그것들에 담긴 물질이나 물체의 양은 많기도 하고 적기도 해요. 그리고 그 양이 많고 적음에 따라 그것들을 담을 수 있는 그릇이나 통이나 병의 크기도 달라요. 슈퍼마켓이나 편의점에 가 보면 더 많이 눈에 띄어요. 생수나 음료를 담아 놓은 페트병의 크기도 서너 가지쯤 되고, 통에 담긴 아이스크림들의 크기도 여러 가지잖아요.

병이나 통의 크기는 왜 여러 가지일까요? 사람들이 사

들이는 어떤 물질이나 물체가 한가득 들어 있을 수 있는 통이나 병이나 그릇의 크기를 뜻해요.

용하기 편하게끔 적당한 분량으로 나누어 놓았기 때문이에요. 이때 '분량'이라는 말뜻은 무엇일까요? **분량**(分量)의 한자는 **나눌 분**(分), **헤아릴 양**(量)이에요. 그래서 그 뜻은 어떤 물건이 많거나 적은 정도를 나타내요. 그리고 어떤 물질이나 물체를 적당한 분량으로 나누어서 그릇이나 통이나 병에 담아 놓은 것이 '들이'예요. 순우리말인 들이는 어떤 물질이나 물체가 한가득 들어 있을 수 있는 통이나 병이나 그릇의 크기를 뜻해요. 그래서 들이는 필요한 분량만큼 담을 수 있도록 여러 크기로 만들어져 있어요.

그런데 들이의 분량을 그저 '많다', '적다'라고만 말한다면 그 양이 '얼마큼'인지는 잘 알지 못해요. 그래서 옛날부터 사람들은 정확한 양을 표시하려고 '단위'를 만들어 사용했어요. 우리나라에서는 양의 크기에 따라 '홉', '되', '말'을 양의 단위로 사용했고요, 서양에서는 주로 리터(L), 밀리리터(mL)를 양의 단위로 사용해 오고 있어요. 오늘날 우리나라도 세계적으로 사용하고 있는 리터(L), 밀리리터(mL)를 양의 단위로 주로 사용하고 있어요. 1리터는 1000밀리리터와 같아요. 즉 리터는 밀리리터보다 1000배 많은 양이에요.

'들이'가 양의 크기를 뜻한다면, '무게'는 어떤 물질이나 물체가 어느 정도로 무거운지를 나타내는 말이에요. 그런데 무게는 어떤 물질이나 물체 자체에 있는 것이 아니라, 지구 내부에서 끌어당기는 힘의 작용이에요. 그 힘을 중력이라고 하는데, 지구 내부에서 끌어당기는 그 힘의 정도는 항상 같아요. 그래서 어떤 물질이나 물체의 무

오늘날 우리나라도 세계적으로 사용하고 있는 그램(g), 킬로그램(kg)을 무게의 단위로 주로 사용하고 있어요.

게는 그 물질이나 물체에 변화가 생기지 않는다면 항상 똑같아요.

그리고 '들이'와 마찬가지로 무게도 그저 '무겁다', '가볍다'라고만 말한다면 그 무게가 '얼마큼'인지는 잘 알지 못해요. 그래서 옛날부터 사람들은 정확한 무게를 표시하려고 '단위'를 만들어 사용했어요. 우리나라에서는 어떤 물건의 무거운 정도에 따라 '냥', '근', '관'을 무게의 단위로 사용했고요, 서양에서는 주로 **그램**(g), **킬로그램**(kg)을 무게의 단위로 사용해 오고 있어요. 오늘날 우리나라도 세계적으로 사용하고 있는 그램(g), 킬로그램(kg)을 무게의 단위로 주로 사용하고 있어요. 1킬로그램은 1000그램과 같아요. 즉 그램은 킬로그램보다 1000배 가벼운 무게 단위예요.

우리의 '마음'에도 크기와 무게가 있을까요? 사람의 됨됨이를 그릇에 빗대서 하는 말을 들어 보았나요? 흔히 '그는 그릇이 큰 사람이다.' 혹은 '그의 마음은 간장 종지만 하다.'라는 말들을 해요. 그런가 하면, '그는 입이 무거운 사람이다.' 혹은 '그의 행실은 참 가볍다.'라며 어떤 사람을 평가하는 말들을 하곤 해요. 이처럼 사람의 됨됨이를 '들이'와 '무게'로 비유한다는 것은 그만큼 '들이'와 '무게'가 우리 생활에 많이 쓰이는 말임이 틀림없어요. 독자 여러분의 마음의 크기는 얼마큼인가요? 또 여러분의 말과 행동의 무게는 얼마큼인가요?

• 아래의 두 물음을 읽고
  스스로의 생각을 자유롭게 써 보아요.

1. 왜 '들이'의 크기가 크면 클수록 '무게'도 따라서 무거워질까요?

2. '리터'와 '밀리리터' 그리고 '킬로그램'과 '그램'은 둘 다 1000배의 차이를 나타내요. 왜 그 차이를 100배로 정하지 않고 1000배로 정했을까요?

7
규칙에는 이유가 있어요

우리 주변에는 숫자들이 나열되어 있어요.
아파트에는 동수와 호수가 나열되어 있고요,
승강기에는 층수가 나열되어 있고요,
달력에는 날짜가 나열되어 있어요.
이렇게 나열된 숫자에는
어떤 규칙이 있을까요?

수에 나타난 규칙

숫자 속에 숨은 '규칙'

8, 8, 8, 8, 8, 6, 6

일주일 동안 내가 아침에 일어나는 시각이다.
그런데 나는 왜 주말과 일요일에는
평일보다 일찍 잠 깰까?

4, 7, 8, 10, 13

우리 집이 있는 301동 1, 2호 라인 아파트에서
반려동물을 데리고 집주인이 산책하는 층수이다.
승강기에서는 개를 품에 안으면 좋겠다.

1, 1, 2, 2, 2

우리 가족이 일 인당 먹는 피자의 조각 수이다.

할머니와 엄마께서는 1조각씩,
아빠와 언니와 나는 2조각씩 먹는다.
피자가 9조각이라면 남은 1조각은 누가 먹을까?

10, 50, 100, 500, 1000, 5000, 10000, 50000

우리나라의 화폐 단위이다.
10원부터 시작해 5배가 커진 다음 2배가 커지고
다시 5배가 커진 다음 2배가 커지기를 반복한다.
그런데 왜 1000원부터는 지폐로 만들었을까?

11, 9, 7, 5

내가 아는 단체 경기의 선수 인원수이다.
축구는 11명, 야구는 9명, 핸드볼은 7명, 농구는 5명이다.

그러고 보니 선수 수가 2씩 작아진다.
그런데 왜 단체 경기에는 구기 종목이 많은 걸까?

1, 2, 3, 4, 5

지난 추석 차례 상에 차려진 음식의 배열 수이다.
1열에는 술잔과 송편이 놓인다.
2열에는 고기와 생선과 전이 놓인다.
3열에는 떡과 탕과 튀김이 놓인다.
4열에는 생선포와 나물들과 식혜가 놓인다.
5열에는 과일들과 한과가 놓인다.

차례 상 차림 순서가 궁금해 여쭈었더니,
아빠 대신 큰아빠께서 말씀하셨다.
"우리가 먹을 때와 같은 기준으로 놓는단다.
맛있는 음식부터 손이 쉽게 가게끔 말이다."

말씀을 듣고 보니,
과일과 한과는 후식이어서 맨 바깥쪽에 두셨나 보다.
규칙에는 다 나름의 이유가 있다.
이유를 생각하면 **규칙**도 더 잘 보인다.

초등 수학 교과서는 크게 다섯 가지 영역으로 구성되어 있어요. 1) **수와 연산**, 2) **도형**, 3) **측정**, 4) **규칙성**, 5) **자료와 가능성** 등이 그것이에요. 따라서 초등 수학 교과서는 이 다섯 가지 영역을 초등 1학년부터 6학년까지의 교육 과정에서 단계별로 가르치고 있어요. 『로로로 초등 수학』 시리즈는 그 구성을 따르고 있어요. 그래서 3학년 수학의 마지막 단원인 이 장은 교과서의 순서에 따라 '자료의 정리'를 다루어야 했어요. 그런데, 3학년 수학 교과서의 '자료와 정리' 단원에서 알아보는 '표와 그래프'의 핵심 내용은 이미 이 시리즈의 2학년 책에서 집중해서 다루었어요. 그래서 『로로로 초등 수학 3학년』의 마지막 장에서는 '자료와 정리' 대신에 3학년 교육 과정에서

빠져 있는 '규칙성'에 관하여 더 알아보기로 했어요. 앞서 말한 초등 수학의 다섯 영역에 대한 균형적인 교육이 학년별로도 필요하다고 생각했기 때문이에요. 이 장에서 주목한 것은 '수에 나타난 규칙'이에요. 우선 달력에 나타난 규칙부터 알아보아요.

달력은 열두 달로 구분해 놓은 1년 중에서 한 달 단위로 요일과 날짜를 기록한, 일종의 날짜 표예요. 그래서 바둑판 모양의 모든 달력에는 앞 달에 이은 일주일 단위, 즉 '일, 월, 화, 수, 목, 금, 토'를 기준으로, 30일이나 31일이 기록되어 있어요(2월은 28일이나 29일이 기록되어 있어요). 2월을 제외하면, 매달 1일부터 30일(31일)까지 날짜순으로 나열되어 있어요. 그래서 '1, 2, 3, 4……'처럼 달력의 가로줄에 있는 수들은 오른쪽으로 갈수록 1씩 커져요. 하루는 1일이니까요. 또한 '7, 14, 21, 28'처럼 요일별로 묶여 있는 세로줄의 수들은 아래로 갈수록 7씩 커져요. 일주일은 7일이니까요.

달력의 가로줄은 오른쪽으로 갈수록 1씩 커지고, 세로줄은 아래로 갈수록 7씩 커진다는 두 규칙만 잘 이해하고 있으면, 누구든 달력에 나타난 여러 규칙을 잘 알 수 있어요. 가로줄과 세로줄뿐만 아니라, 달력의 대각선 배열의 수도 이 규칙을 이해하고 있으면 금방 알 수 있어요. 달력의 ↘ 방향, 즉 오른쪽 대각선으로 내려가는 수는 8씩 커져요. 아래로 내려가는 세로줄이 7씩 커지고, 오른쪽으로 가는 가로줄이 1씩 커지므로, ↘ 방향은 7+1과 같으니까요. 반면에, 달력의 ↙ 방향, 즉 왼쪽 대각선으로 내려가는 수는 6씩 커져요. 아래로 내려가는 세로줄이 7씩 커지고, 가로줄이 왼쪽으로 갈수록 1씩 작아지므로, ↙ 방향은 7-1과 같으니까요.

이처럼 어떤 사물에 있는 나열한 수에는 일정한 규칙이 있는 경우가 많아요. 앞서 알아본 달력도 그렇고요, 볼링 경기장에 놓인 볼링 핀의 수에도 규칙이 있어요. 정삼각형 모양으로 제자리에 놓이는 볼링 핀은 모두 10개

예요. 그것을 삼등분하면, 1열에는 1개가 놓이고, 2열에는 2개 놓이고, 3열에는 3개가 놓이고, 4열에는 4개가 놓여요. 따라서, 볼링 핀 수의 규칙은 '열이 늘수록 1씩 커진다.'라고 말할 수 있어요. 그래서 볼링 핀의 개수는 1+2+3+4여서 10이에요.

달력이나 볼링 핀에 나타난 수의 규칙처럼, <mark>어떤 사물에 나열된 수의 규칙은 대개는 더해지거나, 빼지거나, 곱</mark>

어떤 사물에 있는 나열한 수에는 일정한 규칙이 있는 경우가 많아요. 볼링 핀 수의 규칙은 '열이 늘수록 1씩 커진다.'라고 말할 수 있어요.

해지거나, 나누어지거나, 되풀이되는 것이에요. 예를 들어볼까요? 2, 3, 5, 8, 12, 17은 '1, 2, 3, 4, 5씩 커지는(더해지는) 규칙'이고요, 반대로, 17, 12, 8, 5, 3, 2는 '5, 4, 3, 2, 1씩 작아지는(빼지는) 규칙'이에요. 그리고 2, 4, 8, 16, 32는 '2씩 곱해지는 규칙'이고요, 반대로, 32, 16, 8, 4, 2는 '2씩 나누어지는 규칙'이에요. 그런가 하면, 2, 4, 3, 2, 4, 3, 2, 4, 3은 '2, 4, 3이 되풀이되는 규칙'이에요.

　동물들의 생김새를 머릿속에 떠올려 보세요. 땅 위에서 생활하는 포유동물들의 다리는 대개 4개예요. 낙타든, 코끼리든, 기린이든, 다람쥐든 다리가 4개예요. 하늘을 날아다니는 새의 다리는 2개예요. 독수리든, 갈매기든, 까치든, 앵무새든 다리가 2개예요. 새의 다리 수가 포유동물보다 '2개 적은 규칙'에는 이유가 있을 거예요. 포유동물은 땅 위를 빨리 달리거나 오래 서 있으려면 2개의 다리보다 4개의 다리가 더 나았을 거예요. 반면에

새는 날아다니려면 4개의 다리는 오히려 거추장스러울 테고, 대신에 힘차고 날렵한 날개가 더 필요했을 거예요.

새는 날아다니려면 4개의 다리는 오히려 거추장스러울 테고, 대신에 힘차고 날렵한 날개가 더 필요했을 거예요. 이렇듯, 어떤 규칙에는 이유가 있어요. 앞의 동시 이야기에서 평일보다 주말과 일요일에 2시간이나 일찍 잠 깨는 데에도 나름의 이유가 있을 거예요.

• 아래의 두 물음을 읽고
  스스로의 생각을 자유롭게 써 보아요.

1. 달력을 보면, 4, 6, 9, 11월은 30일까지 있고, 1, 3, 5, 7, 8, 10, 12월은 31일까지 있어요. 또 2월은 28일이나 29일까지만 있어요. 그 이유는 무엇일까요?

2. 올림픽에서 400m 달리기 경주를 할 때, 바깥쪽 트랙을 달릴 선수는 안쪽 트랙을 달릴 선수보다 몇 미터 앞쪽에서 출발해요. 그 이유는 무엇일까요?

7 규칙에는 이유가 있어요

찾아보기

ㄱ

가감승제 43
가분수 78, 80
각 26, 31~34
관 109
광년 56
규칙 14, 117, 121~126
그램 110~111
근 109
꼭짓점 24, 31
길이 단위 53~54, 60~62, 67

ㄴ

나눗셈 41, 43~49, 81
나머지 40~41, 47
냥 109

ㄷ

달력 121~124, 127
대분수 80
되 107

들이 101~103, 106~111

ㄹ

리터 107, 111

ㅁ

말 107
몫 39~40, 44~48
무게 81, 99~101, 107~110
미터 61, 64~67, 127
밀리리터 107
밀리미터 61, 64, 67

ㅂ

반지름 88, 92~96
반직선 24~25, 28, 30~31
변 31, 33, 34
분량 102, 106~107
분모 77~78
분수 70~83
분자 77~78, 81, 83
뺄셈 43, 45~46, 49

ㅅ

선분 23~25, 28~28, 31~32, 85~86, 92~94
센티미터 62~67
소수 71~73, 75, 77, 81, 83
소수점 71
시각 59, 114
시간 24, 56, 59

ㅇ

야드 61~62, 64, 66
원 89, 92~97
인치 61, 64

ㅈ

자 61~62
자연수 75, 77
정사각형 25, 33, 91
중력 107
지름 87, 88, 92~96
직각 24~25, 32~33, 35
직각삼각형 25, 32, 35
직사각형 25, 32~33, 35
직선 24, 28, 30
진분수 78

ㅊ

척 62

ㅋ

컴퍼스 96
큐빗 61
킬로그램 81, 110~111
킬로미터 61, 64~65, 67

ㅍ

평면도형 24
피트 61, 64

ㅎ

홉 107

로로로 초등 수학 3학년
동시로 생각하고, 수필로 이해하고, 문제로 논술하는

초판 발행일 2019년 11월 7일
4쇄 발행일 2022년 12월 15일
지은이 윤병무
그린이 이철형
감　수 김판수
디자인 씨디자인: 조혁준 기경란

펴낸곳 국수
등록번호 제2018-000158호
주소 경기도 고양시 일산동구 진밭로 36-124
전화 (031) 908-9293
팩스 (031) 8056-9294
전자우편 songwriter@kuksu.kr

© 윤병무, 2019, Printed in Goyangsi, Korea

ISBN 979-11-965084-9-4　74410
ISBN 979-11-965084-6-3 (세트)

- 책값은 뒤표지에 쓰여 있습니다.
- 이 책의 저작권은 저자에게, 출판권은 '국수'에 있습니다.
- 이 책 내용의 전부는 물론 일부라도 재사용하려면 반드시 '국수'의 동의를 얻어야 합니다.
- 잘못 만들어진 책은 구입하신 서점에서 교환해드립니다.

이 도서의 국립중앙도서관 출판예정도서목록(CIP)은 서지정보유통지원시스템 홈페이지(http://seoji.nl.go.kr)와 국가자료공동목록시스템(http://www.nl.go.kr/kolisnet)에서 이용하실 수 있습니다. (CIP제어번호: CIP2019040654)

종이에 손을 베지 않도록 주의하세요.
책 모서리에 다칠 수 있으니 책을 던지지 마세요.